LIBRO PARA NIÑOS

Unless

INSPIRADO EN LAS PALABRAS DE JESÚS

Al Ezra

ISBN: 979-8-9996788-8-1

Las citas bíblicas provienen de las siguientes versiones de la Biblia:
Biblia Estándar para Niños
Biblia Internacional para Niños
Nueva Versión Internacional

LIBRO PARA NIÑOS

Unless

En verdad les digo, si no cambian y se vuelven como niños, jamás entrarán en el reino de los cielos.

- Mateo 18:3

Contenidos

Introducción: Una historia de amor
8

Capítulo 1:

En el comienzo
9

Capítulo 2:

Enoc y Noé
12

Capítulo 3:

El gran viaje de Abraham
14

Capítulo 4:

Los sueños de José se hacen realidad
16

Capítulo 5:

Moisés y la gran huida
19

Capítulo 6:

Josué y los valientes líderes de Israel
22

Capítulo 7:

Jonás y el gran pez
25

Capítulo 8:

Juan el Bautista y Jesús
27

Capítulo 9:

Si no cambian y se vuelven como niños...
29

Capítulo 10:

Jesús entregó su vida
32

Capítulo 11:

Jesús aparece de nuevo
35

Capítulo 12:

Jesús viene pronto
37

Epílogo: La invitación
39

Versículos bíblicos para niños: historia por historia (CSB)
41

Glosario
46

Acerca del autor
49

Introducción: Una historia de amor

Antes de que existiera cualquier cosa, ya existía Dios. Él tenía un plan maravilloso: crear un mundo hermoso, lleno de personas a las que amaba y que también pudieran amarlo a Él.

Pero algo salió mal. Las personas eligieron desobedecer a Dios y se apartaron de Él. Aunque esto entristeció profundamente el corazón de Dios, nunca dejó de amar a sus hijos.

Esta es la historia asombrosa de cómo Dios jamás se rindió con nosotros. Desde el principio hasta el final, Su amor brilla con fuerza.

Y en el centro de todo está Su Hijo, Jesús, quien vino a rescatarnos y a llevarnos de regreso al Padre.

CAPÍTULO 1:

En el comienzo

En el comienzo, todo en el universo era oscuro y sin forma. Entonces Dios dijo: "¡Que haya luz!" Y, en ese instante, ¡la luz apareció!

Dios comenzó a crear el mundo: hizo el cielo, la tierra y los océanos. Puso las estrellas en el cielo nocturno, el sol para brillar de día y la luna para alumbrar de noche. Formó las montañas, hizo crecer los árboles y llenó el mundo con criaturas de toda clase: del cielo, de la tierra y del mar.

Por último, Dios creó a las personas: Adán y Eva. Eran especiales porque fueron hechos a Su imagen, para ser Sus amigos. Dios les dio un hermoso jardín para vivir, llamado Edén, donde todo era perfecto. En el centro del jardín estaba el Árbol de la Vida.

Podían comer de cualquier fruto del jardín, excepto del fruto de un árbol: el Árbol del Conocimiento del Bien y del Mal. Si comían de él, morirían.

Pero un día, una serpiente astuta le mintió a Eva. Le dijo: "Puedes comer del fruto del árbol del que Dios te dijo que no comieras; no morirás. ¡Te hará sabia como Dios!"

Eva creyó a la serpiente y comió del fruto. Luego se lo dio a Adán, y él también comió.

Cuando desobedecieron a Dios, ocurrió algo muy triste. El pecado entró en el mundo, y con él comenzó el proceso de muerte y corrupción. Verás, el pecado nos separa de Dios, porque Dios es santo. Eso significaba que ya no podían quedarse en el jardín perfecto y fueron puestos fuera. Allí tuvieron que trabajar duro para vivir y soportar muchas dificultades. Pero lo más triste de todo fue que quedaron separados de Dios. Ya no podían hablar con Él ni tener Su amistad como antes.

Aun así, Dios tenía un plan. Prometió enviar a un Salvador para arreglar lo que había salido mal y traer a todos de vuelta a Él

¿Qué piensas tú?

Algunos de tus amigos dicen que la creación del hombre y la mujer es solo un cuento de hadas. ¿Cómo les responderías tú?

Adán y Eva caminando por el jardín del Edén

CAPÍTULO 2:

Enoc y Noé

Aunque muchas personas se alejaron de Dios, algunas permanecieron fieles. Enoc fue uno de ellos. Caminó tan cerca de Dios que, un día, ¡Dios simplemente se lo llevó al cielo para estar con Él!

Pero el mundo se llenó de tanta maldad que Dios tuvo que destruir a todos los que vivían en la tierra. Solo un hombre, Noé, era justo y agradaba a Dios. Así que Dios le dijo a Noé que construyera un arca para salvar a su familia y a los animales de cada especie de un gran diluvio. El diluvio llegó y destruyó toda vida, excepto a los que estaban dentro del arca. Después del diluvio, Dios prometió no volver a inundar la tierra jamás. Puso un arco iris en el cielo como señal de Su promesa.

¿Qué piensas tú?

La próxima vez que veas un arcoíris en el cielo después de la lluvia, ¿qué les dirás a tus amigos?

El arca de Noé y el arcoíris de la promesa de Dios

CAPÍTULO 3:

El gran viaje de Abraham

Dios eligió a un hombre llamado Abraham y le dijo que dejara su país y fuera a una tierra nueva y lejana que Él le mostraría. Dios le prometió a Abraham: "Por medio de tu familia, todas las naciones de la tierra serán bendecidas." Abraham confió en Dios. Creyó que tendría un hijo, aunque ya tenía setenta y cinco años. Además, su esposa Sara no había podido tener hijos y ahora tenía sesenta y cinco. Aun así, Abraham obedeció el llamado de Dios con fe, dejó su hogar y emprendió el viaje hacia esa tierra lejana. Esa tierra se convertiría en la Tierra Prometida.

Y Dios cumplió Su promesa. Cuando Abraham tenía cien años y Sara noventa, Dios les dio un hijo, Isaac. A través de sus descendientes, Abraham se convirtió en el padre de la nación de Israel, la familia especial de Dios. Y desde allí llegó a ser el padre de todas las naciones del mundo.

Piensalo

¿Eres pariente de Abraham?
¿De qué manera?

Dios hablando con Abraham sobre "la Promesa" y diciéndole que viaje a una nueva tierra que se llamaría "Israel", que significa "Dios persevera".

CAPÍTULO 4:

Los sueños de José se hacen realidad

Abraham fue el padre de Isaac, Isaac fue el padre de Jacob, y luego Jacob tuvo doce hijos que se convirtieron en las doce tribus que formaron la nación de Israel. El hijo favorito de Jacob era José, y le regaló una túnica de muchos colores. José tenía el don de los sueños proféticos y de su interpretación. Sus hermanos, llenos de celos, lo vendieron como esclavo cuando aún era un adolescente.

José fue llevado a Egipto, donde sirvió en la casa de Potifar. Un día, la esposa de Potifar lo acusó falsamente de atacarla, y José fue encarcelado. Pero Dios estuvo con él todo el tiempo y fortaleció su fe.

Mientras estaba en prisión, José pudo interpretar sueños, y esto llegó a oídos del faraón. Resulta que el faraón había tenido dos sueños que no podía entender, así que mandó llamar a José al palacio. José interpretó los sueños del faraón y le explicó que Egipto tendría siete años de abundancia seguidos de siete años de hambre. El faraón quedó muy satisfecho con su interpretación y ascendió a José al cargo más alto del país. El plan de José para la supervivencia de Egipto fue almacenar el grano durante los años de abundancia para que hubiera suficiente durante los años de escasez.

Este plan salvó a la nación y también a su propia familia del hambre. Cuando sus hermanos llegaron desde Israel a Egipto para comprar grano, José les reveló quién era. ¡Qué alegría para ellos, y especialmente para su padre, Jacob, verlo con vida! José los perdonó y les dijo: "Ustedes pensaron hacerme mal, pero Dios lo convirtió en bien." La promesa de Dios a Abraham seguía viva. Del hermano de José, Judá, vino una familia que descendería hasta el rey David, y desde el rey David continuaría hasta Jesucristo, el Mesías, el Salvador del mundo.

Este plan salvó a la nación y también a su propia familia del hambre. Cuando sus hermanos vinieron desde Israel a Egipto para comprar grano, José les reveló que él era su hermano. ¡Qué alegría para ellos, especialmente para su padre, Jacob, al verlo con vida! José los perdonó y les dijo: "Ustedes pensaron hacerme mal, pero Dios lo convirtió en bien."

Del hermano de José, Judá, vino una familia que descendería hasta el rey David. Y desde el rey David continuaría hasta Jesucristo, el Mesías, el Salvador del mundo.

¿Qué piensas tú?

¿Qué es lo que más admiras de José?

José, vestido con un manto real, perdonando a sus hermanos.

CAPÍTULO 5:

Moisés y la gran huida

Habían pasado cuatrocientos años, y para entonces el pueblo de Dios en Egipto había crecido hasta ser de varios millones. En el tiempo de José gozaban de favor, pero el faraón actual los miraba con desprecio y los convirtió en esclavos. Incluso ordenó que mataran a todos los niños varones. En ese tiempo nació un bebé llamado Moisés, quien llegaría a guiar a los hijos de Israel fuera de Egipto. Su hermana, Miriam, lo escondió en una canasta junto a la orilla del río. Cuando la hermana del faraón fue a bañarse al río, vio la canasta con el hermoso bebé dentro y decidió criarlo como suyo. Así, Moisés creció como un príncipe en el palacio egipcio.

Pero Moisés siempre recordaba sus raíces hebreas. Cuando se hizo hombre, dejó la corte egipcia y vivió en el desierto durante cuarenta años. Entonces Dios lo llamó para que regresara a Egipto y guiara al pueblo de Israel hacia la libertad. Moisés volvió para hablar con el faraón y le pidió: "Deja ir a Mi pueblo." Pero el corazón del faraón se endureció y se negó, así que Dios envió diez plagas sobre la tierra y su gente.

En la última plaga, moría el primogénito de cada familia. Pero Dios le dijo a Moisés que cada familia judía debía matar un cordero y rociar su sangre sobre los marcos de sus puertas. De esa manera, el ángel de la muerte vería la sangre y pasaría de largo, salvando al primogénito de esa casa. Esa noche hubo un gran lamento, porque el ángel de la muerte visitó todos los hogares egipcios. Incluso el hijo del faraón murió. Este último acto hizo que el faraón finalmente cediera y permitiera que los hijos de Israel salieran de Egipto.

Pero mientras el pueblo avanzaba hacia la Tierra Prometida, el faraón cambió de opinión y los persiguió con sus carros y caballos. Los israelitas llegaron al Mar Rojo y quedaron atrapados. Entonces Dios le dijo a Moisés que extendiera su vara. De pronto, el mar se abrió, y el pueblo cruzó por tierra seca. Pero cuando los ejércitos egipcios intentaron seguirlos, las aguas se cerraron sobre ellos, y todos se ahogaron.

Los israelitas permanecieron en el desierto durante cuarenta años. Allí Dios les mostró Su poder y Su amor. Les dio Sus leyes y los Diez Mandamientos para enseñarles cómo vivir y cómo adorarlo. El pueblo de Israel era diferente de las naciones vecinas, porque mientras esas naciones adoraban ídolos, solo Israel adoraba al único Dios verdadero, Yahvé. En hebreo, Yahvé significa “Yo Soy”, lo cual quiere decir que Dios ha existido siempre.

Pero aun así, a veces el pueblo se alejaba de Dios, igual que Adán y Eva lo habían hecho en el jardín. Satanás seguía trabajando sin descanso, engañando y mintiendo para intentar detener el plan de Dios para la salvación de todas las personas.

¿Qué piensas tú?

¿A parte de ser judíos, qué tenían en común José y Moisés?

Moisés abriendo el Mar Rojo y guiando a los hijos de Israel hacia su nuevo hogar.

CAPÍTULO 6:

Josué y los valientes líderes de Israel

Después de la muerte de Moisés, Dios levantó a un nuevo líder: Josué. Josué guió al pueblo a cruzar el río Jordán hacia la Tierra Prometida. Conquistaron a muchas tribus que habitaban esa tierra. Dios también levantó jueces como Sansón, Gedeón y Débora, y profetas como Samuel, para guiar a Su pueblo. El pueblo pidió tener un rey, y Dios les permitió tener a Saúl.

Luego vino el rey David. David amplió el reino conquistando muchas tribus. Amaba profundamente a Dios y escribió muchos cantos sobre Él. Dios le prometió a David que uno de sus descendientes sería Rey para siempre—esta fue una profecía sobre Jesús. Jesús descendía del linaje del rey David, de la tribu de Judá.

Uno de los hijos de David, Salomón, fue rey después de él. Salomón fue el rey más sabio y más rico que haya existido. Pero después de Salomón, muchos reyes malvados, como Acab y su esposa Jezabel, desviaron al pueblo. Ellos adoraron ídolos y alejaron al pueblo del verdadero culto a Yahvé.

Y así continuó la historia del Salvador prometido. ¿Quién libraría al pueblo del mal para que pudiera volver a Dios y encontrar la salvación? Dios envió profeta tras profeta, como Isaías, Miqueas, Esdras, Ezequiel, Elías y Eliseo para recordarles a las personas Su amor y Su promesa de enviar un Salvador.

A veces, el pueblo escuchaba y se volvía a Dios, dejando atrás la adoración de falsos dioses. Entonces las cosechas eran abundantes y reinaba la paz en la tierra. El pueblo era bendecido. Pero la mayoría de las veces desobedecían y adoptaban las prácticas malvadas de las tribus vecinas, especialmente la adoración de ídolos. Eso traía hambre, enfermedades y guerras continuas. El pueblo era maldecido.

¿Qué piensas tú?

¿Tienes idea de por qué los hijos de Israel volvían una y otra vez a adorar ídolos?

El rey David tocando el arpa para sus ovejas

CAPÍTULO 7:

Jonás y el gran pez

Uno de los mensajeros que Dios levantó en Israel fue un hombre llamado Jonás. Dios envió a Jonás para advertir a la gente de la ciudad de Nínive, en Asiria, sobre el juicio que vendría si no pedían perdón por todas sus malas acciones y se volvían a Él. Ahora bien, los asirios eran el pueblo más malvado y cruel sobre la tierra. Así que, cuando Dios envió a Jonás para tratar de salvarlos, Jonás mostró su enojo huyendo. Subió a un barco que iba en dirección contraria. Entonces se desató una tormenta y el barco estuvo a punto de hundirse. La tripulación, al darse cuenta de que Jonás era la causa de todos sus problemas, lo arrojó al mar.

¿Puedes creer lo que le pasó a Jonás? ¡Fue tragado por un gran pez! Mientras estuvo en el vientre del pez durante tres días, finalmente recapacitó y se arrepintió. Al final, el pez lo escupió en una playa, y Jonás obedeció el llamado de Dios. Caminó durante tres días hasta llegar a Nínive. Allí transmitió la advertencia: si el pueblo no se arrepentía en cuarenta días, vendría la destrucción.

Para entonces, la gente ya había oído la historia del pez y Jonás, así que el rey ordenó a todos que se arrepintieran, ayunaran y oraran. El pueblo de Nínive escuchó y fue salvado de la destrucción. Aquí podemos ver claramente cómo el amor de Dios es para todos, no solo para Israel.

¿Qué piensas tú?

¿Qué podría pasar si sigues huyendo de Dios?

Jonás sentado bajo un árbol, mirando la ciudad de Nínive a lo lejos.

CAPÍTULO 8:

Juan el Bautista y Jesús

Unos 800 años después del tiempo de Jonás, Jesús nació en Belén, tal como los profetas lo habían anunciado. Los ángeles cantaron a los pastores en el campo, y unos sabios de tierras lejanas siguieron una estrella hasta el establo en Belén. Cuando vieron al bebé recién nacido, lo adoraron y le ofrecieron regalos de oro, incienso y mirra.

Jesús, el único Hijo de Dios, es el mayor regalo de Dios para el mundo. Fue criado por sus padres terrenales, José y María, en la ciudad de Nazaret, y aprendió el oficio de su padre como carpintero. Jesús comenzó a predicar a los treinta años. Dios envió a Juan el Bautista, primo de Jesús, para preparar el camino. Tanto Juan como Jesús dieron el mismo primer mensaje al pueblo: "Arrepiéntanse", lo que significa apartarse del pecado y seguir a Jesús y Sus enseñanzas. Jesús dijo: "Yo soy el Buen Pastor", el que cuida de Sus ovejas.

¿Qué piensas tú?

¿Por qué crees que Jesús nació en un establo y no en un palacio? Después de todo, Él es el Rey de reyes.

María, José y el bebé Jesús en el pesebre.

CAPÍTULO 9:

Si no cambian y se vuelven como niños ...

Jesús mostró al pueblo el corazón del Padre y les enseñó acerca del Reino de Dios. ¿Dónde está ese Reino? ¿Está en el cielo? Sí, está en el cielo, pero también está aquí en la tierra, dondequiera que haya personas que aman a Dios y siguen Sus caminos. Es un reino de amor, gozo, paz, misericordia, humildad y pureza de corazón. Es un reino donde amamos a Dios con todo nuestro corazón y a nuestro prójimo como a nosotros mismos. Pero, primero, debemos acercarnos al Padre con fe y tener una relación con Él. ¿Cómo lo hacemos? A través de Jesús.

Jesús sanó a los enfermos, resucitó a los muertos, alimentó a los hambrientos y contó historias para ayudar a las personas a entender el amor de Dios y entrar en Su Reino. Mostró que confiar en Dios con un corazón abierto y obedecer Sus mandamientos es el único camino hacia la verdadera alegría, la paz interior y, lo más importante, la vida eterna.

Muchas personas creen que hay muchos caminos para conocer a Dios. Pero Jesús dijo que Él es el único camino: "Yo soy el Camino, la Verdad y la Vida. Nadie viene al Padre sino por Mí" (Juan 14:6). Solo Jesús entregó Su vida como sacrificio para que pudiéramos volver a Dios. Cuando

Unless

Jesús estuvo en la tierra, llamaba a las personas a regresar a Dios. Dijo: "Yo y el Padre somos uno."

❤️ Jesús también amaba a los niños. Cuando se acercaban a Él, les dijo a Sus discípulos:

"Dejen que los niños vengan a Mí, y no se lo impidan, porque el Reino de los Cielos pertenece a los que son como ellos."

¿Qué quería decir con esto? Significa tener la fe sencilla de un niño: creer en las palabras de Dios y confiar en Él con todo el corazón.

Preguntas

¿Cualquiera puede formar parte del Reino de Dios? ¿Cómo se entra en él?

Jesús sentado con los niños en una colina, enseñándoles sobre el Reino de Dios con bondad y amor.

CAPÍTULO 10:

Jesús entregó Su vida

Jesús dio Su vida en la cruz para quitar los pecados del mundo. ¿Por qué tuvo que morir? Porque, según la Biblia, se necesita un sacrificio de sangre para que el pecado sea perdonado. En el Antiguo Testamento, ese sacrificio era la sangre de cabras y becerros. Pero la sangre de los animales nunca fue suficiente para pagar el precio del pecado del ser humano. No, tenía que morir un hombre en nuestro lugar, y ese hombre debía estar sin pecado. ¿Quién podría ser ese hombre? Tienes razón: solo Jesús.

Jesús se convirtió en ese sacrificio perfecto. Como hombre, era uno de nosotros; como Dios, no tenía pecado. La Biblia dice: "Cristo no pecó, pero Dios hizo que cargara con nuestro pecado, para que por medio de Cristo nosotros estuviéramos en paz con Dios" (2 Corintios 5:21).

Así, en el Nuevo Testamento, Jesús se convirtió en ese sacrificio sin pecado. Su sacrificio fue perfecto, por lo tanto, no necesitó repetirse una y otra vez. Solo tenía que ofrecerse una vez, en la cruz. Eso fue suficiente para pagar por los pecados de toda la humanidad: los del pasado, los del presente y los del futuro.

Pero Jesús no permaneció muerto. Al tercer día, resucitó del sepulcro y fue visto caminando, hablando y comiendo con más de quinientas personas. Cuarenta días después, ascendió al cielo, demostrando que el amor de Dios es más fuerte que el pecado y la muerte. Su resurrección fue el comienzo de una nueva esperanza para todos.

Jesús dijo: "El buen Pastor da su vida por sus ovejas." Nosotros somos Sus ovejas. Jesús también dijo: "Mis ovejas escuchan mi voz; Yo las conozco, y ellas me siguen." ¡Qué vida tan feliz es conocerlo!

Preguntas

¿Podría alguien más, aparte de Jesús, ser el sacrificio por toda la humanidad?

¿Por qué ya no necesitamos ofrecer sacrificios por el pecado?

La tumba vacía, con luz saliendo de ella y Jesús de pie cerca.

CAPÍTULO 11:

Jesús aparece de nuevo

Después de la crucifixión y muerte de Jesús, Él fue al centro de la tierra, a un lugar llamado Hades. Ese es el lugar donde las almas de los muertos esperan el juicio. Allí, Jesús les predicó, anunciándoles la Buena Nueva de que Su Padre lo había enviado, a Él, Su único Hijo, para salvarlos. Todos los que creyeran en Él serían bienvenidos en el cielo y tendrían vida eterna.

Después de tres días, la Biblia dice que Jesús abrió las puertas de prisión del Hades para todos los que creyeron en Él, y ellos ascendieron con Él al tercer cielo.

Luego Jesús regresó a la tierra con una orden muy importante para todos Sus seguidores: “Vayan por todo el mundo y anuncien las buenas noticias.” Sus discípulos —como Pedro, Santiago, Juan, Esteban y Pablo— compartieron con valentía el mensaje del amor y del perdón de Jesús. Mostraron que cualquiera que confíe en Jesús puede formar parte de la familia de Dios y vivir para siempre en Su Reino. Después, Jesús ascendió al cielo para reunirse con Su Padre, Yahvé.

Nosotros también somos Sus seguidores, y tenemos la tarea de compartir a Jesús con nuestra familia y amigos, especialmente con aquellos que aún no lo conocen, para que también sean salvos.

¿Qué piensas tú?

Piensa en alguien con quien puedas compartir las Buenas Noticias de Jesús hoy.

Pablo enseñando a una multitud, con pergaminos y mapas cerca.

CAPÍTULO 12:

Jesus viene pronto

La Biblia termina con una promesa: ¡Jesús regresará!

En el último libro de la Biblia, Apocalipsis, se describe a Jesús caminando entre siete candelabros de oro (Apocalipsis 1:20). El número siete representa la perfección, y los siete candelabros simbolizan el número perfecto de iglesias, con Cristo como su cabeza.

La luz que brilla en ellos es Jesús, la Luz del mundo, que atraviesa la oscuridad. ¡Y nosotros también somos esa luz! Somos la luz del mundo como Jesús, y debemos llevar esa luz a cada lugar oscuro que veamos.

¿Cómo lo hacemos? Actuando como Jesús en nuestra vida diaria. Esto puede significar compartir Su amor, mostrar compasión, ayudar a otros o orar por ellos para que reciban a Jesús en su corazón.

Al final de nuestra vida en la tierra, Jesús promete un cielo nuevo y una tierra nueva, donde ya no habrá dolor ni tristeza, sino solo alegría. Jesús dice:

"Vengo pronto", y nos invita a todos a unirnos a Él.

¿Qué piensas tú?

¿Cómo responderás a la invitación de Jesús?

Jesús (el Hijo del Hombre) caminando entre la menorá (el candelabro) con sus siete brazos de oro.

Epílogo: La Invitación

Esta es una historia sobre el Amor de Dios y una invitación abierta para ti ❤️ a aceptarlo como el Señor de tu vida, con un llamado a la acción.

¿Confiarás en Él?

Jesús te invita a ser parte de Su Reino. Te ama más de lo que puedes imaginar y quiere que lo conozcas, confíes en Él y camines con Él cada día.

Tal como dijo en Mateo 18:3: "Si no se vuelven y se hacen como niños, no entrarán en el Reino de los Cielos."

"Pero no tengo todas las respuestas", podrías decir. No las necesitas. Solo confía en Él con un corazón abierto, como un niño confía en su padre o en alguien que ama y en quien confía.

Si quieres seguir a Jesús y ser parte de Su familia, puedes orar algo como esto:

"Querido Jesús, creo que eres el Hijo de Dios, que moriste por mis pecados y resucitaste. Sé que me amas y quiero conocerte más. Por favor, perdóname por las cosas malas que he hecho y ayúdame a confiar en Ti con todo mi corazón. Gracias por dar Tu vida por mí y por invitarme a entrar en Tu Reino. Te amo, Jesús, y quiero seguirte siempre.

Amén.

Aquí tienes algunos ejemplos sencillos de cómo seguirlo:

- Lee más sobre Jesús en la Biblia. Un buen lugar para empezar es el Evangelio de Juan, donde aprenderás sobre Su amor y Su vida.
- Habla con Dios todo el tiempo y cada día en oración. A Él le encanta escucharte.
- Comparte las Buenas Noticias con los demás. Así como los discípulos de Jesús, puedes contarle a tus amigos y familiares sobre Su amor increíble.

Recuerda, Jesús prometió: "¡Vengo pronto!" (Apocalipsis 22:12). Cuando confías en Él, puedes esperar con alegría estar con Él para siempre en el nuevo cielo y la nueva tierra que ha preparado para Sus hijos.

Jesús dice: "Yo estoy con ustedes todos los días, hasta el fin del mundo. ¡La paz sea con ustedes!" 🕊️

En el último libro de la Biblia, Jesús promete: "Vengo pronto." Así que mantente alerta y listo para Su regreso.

Fin. 🐑🕊️❤️

Versículos bíblicos para niños: historia a historia (CSB)

Capítulo 1: En el comienzo

Génesis 1:1: En el principio Dios creó los cielos y la tierra.

Juan 1:1: En el principio existía la Palabra, y la Palabra estaba con Dios, y la Palabra era Dios.

Capítulo 2: Enoc y Noé

Génesis 5:24: Enoc caminó con Dios; y un día desapareció, porque Dios se lo llevó.

Génesis 6:9: Noé era un hombre justo... Noé caminó con Dios.

Capítulo 3: El gran viaje de Abraham

Génesis 12:1: El Señor le dijo a Abram: "Deja tu tierra... y vete a la tierra que yo te mostraré."

Capítulo 4: Los sueños de José se hacen realidad

Génesis 37:2: José, de diecisiete años, apacentaba el rebaño...

Génesis 41:41-46: El faraón dijo: "Te pongo al frente de toda la tierra de Egipto." José tenía treinta años...

Capítulo 5: Moisés y la gran huida

Éxodo 3:4-10: Dios lo llamó desde la zarza: "¡Moisés, Moisés!... Te envío al faraón..."

Éxodo 14:21-22: Moisés extendió su mano... y las aguas se dividieron.

Éxodo 20:1-17: Entonces Dios pronunció todas estas palabras: "No tendrás otros dioses además de Mí..."

Capítulo 6: Josué y los valientes líderes de Israel

Josué 1:1-3: "Mi siervo Moisés ha muerto. Ahora... prepárate para cruzar el Jordán."

Jueces 13:24-25: La mujer dio a luz a un hijo y le puso por nombre Sansón...

1 Samuel 16:13: Samuel ungió a David... y el Espíritu del Señor vino con poder sobre él.

1 Reyes 16:30-31: Acab hizo lo malo ante los ojos del Señor... Se casó con Jezabel.

Isaías 9:6: Porque un niño nos ha nacido... y se llamará Admirable Consejero, Dios fuerte...

Miqueas 5:2: Belén... de ti saldrá uno que será gobernante en Israel por Mí.

Esdras 7:10: Esdras había preparado su corazón para estudiar la ley del Señor...

Ezequiel 36:26: Les daré un corazón nuevo y pondré un espíritu nuevo dentro de ustedes.

Capítulo 7: Jonás y el gran pez

Jonás 1:1-3: La palabra del Señor vino a Jonás... Pero Jonás se levantó para huir...

Jonás 1:17: El Señor dispuso que un gran pez se tragara a Jonás... tres días y tres noches.

Jonás 3:5: Los habitantes de Nínive creyeron en Dios.

Jonás 4:11: ¿Y no habría yo de compadecerme de la gran ciudad de Nínive...?

Capítulo 8: Juan el Bautista y Jesús

Lucas 1:13-17: Tu esposa Elisabet te dará un hijo, y le pondrás por nombre Juan...

Lucas 2:4-7: Jesús nació en Belén...

Mateo 2:1-2: Unos sabios del oriente llegaron diciendo: "¿Dónde está el que ha nacido rey de los judíos?"

Mateo 3:1-2: Juan el Bautista... decía: "Arrepiéntanse, porque el Reino de los Cielos se ha acercado."

Mateo 4:17: Jesús comenzó a predicar: "Arrepiéntanse, porque el Reino de los Cielos se ha acercado."

Juan 10:11: Yo soy el buen Pastor. El buen Pastor da Su vida por las ovejas.

Juan 10:27: Mis ovejas oyen Mi voz; Yo las conozco, y ellas me siguen.

Capítulo 9: Si no cambian y se vuelven como niños...

Lucas 2:52: Jesús crecía en sabiduría y en estatura, y en gracia para con Dios y los hombres.

Mateo 18:3: Si no se vuelven y se hacen como niños, no entrarán en el Reino de los Cielos.

Mateo 19:14: Dejen que los niños vengan a Mí... porque de los que son como ellos es el Reino de los Cielos.

Juan 14:6: Yo soy el Camino, la Verdad y la Vida. Nadie viene al Padre sino por Mí.

Juan 10:30: Yo y el Padre somos uno.

Capítulo 10: Jesús entregó Su vida

Juan 19:30: Dijo: "Todo se ha cumplido." Luego inclinó la cabeza y entregó Su espíritu.

Lucas 24:6-7: "No está aquí, ha resucitado."

Mateo 28:6: "No está aquí, porque ha resucitado, tal como dijo."

Efesios 4:8-10: Subió... pero también descendió a las regiones más bajas de la tierra...

1 Pedro 3:18-19: Cristo murió en la carne, pero fue vivificado por el Espíritu; y por medio de Él también fue a proclamar Su mensaje a los espíritus encarcelados.

Capítulo 11: Jesús aparece de nuevo

Hechos 1:3: Se les presentó vivo... durante cuarenta días...

Hechos 7:55-56: Esteban vio la gloria de Dios, y a Jesús de pie a la derecha de Dios.

Hechos 9:3-5: De repente una luz del cielo resplandeció... "Yo soy Jesús, a quien tú persigues."

1 Corintios 15:7: Luego se apareció a Jacobo, y después a todos los apóstoles.

Juan 1:12: Pero a todos los que lo recibieron... les dio el derecho de ser hijos de Dios.

Juan 11:25: Yo soy la resurrección y la vida. El que cree en Mí... vivirá.

Éxodo 3:14: Dios respondió a Moisés: "YO SOY EL QUE SOY."

Juan 8:58: Antes que Abraham naciera, Yo soy.

Capítulo 12: Jesús viene pronto

Apocalipsis 1:12-13: Vi siete candelabros de oro, y entre ellos a uno semejante al Hijo del Hombre...

Apocalipsis 21:1: Vi un cielo nuevo y una tierra nueva...

Apocalipsis 22:12: "¡Mira, vengo pronto!"

Apocalipsis 22:20: "Sí, vengo pronto."

Glosario

Aquí tienes un glosario sencillo para entender los términos y personajes clave de la historia:

- Adán y Eva: El primer hombre y la primera mujer que Dios creó para vivir en un hermoso jardín llamado Edén
- Abraham: Un hombre elegido por Dios para comenzar una familia especial, el pueblo de Israel, por medio del cual nacería el Salvador, Jesús.
- Arca: Un gran barco construido por Noé para salvar a su familia y a los animales de un gran diluvio que cubrió toda la tierra.
- Ascender: Se refiere al momento en que Jesús subió a las nubes al cielo después de Su resurrección.
- Babel (Torre de Babel): Una torre alta construida por personas que querían hacerse famosas en lugar de seguir el plan de Dios.
- Contentamiento: Estado de estar satisfecho con tu vida y con lo que tienes.
- Maldición: Un mal o desgracia que cae sobre una persona, familia o grupo a causa de algún error cometido por ellos o por sus antepasados.
- David: Un joven pastor que se convirtió en el rey David de Judá y amó a Dios con todo su corazón.
- Descendientes: Los hijos, nietos y sucesores de una persona.
- Discípulos: Hombres y mujeres que siguieron a Jesús y aprendieron de Él.
- Enoc: Un hombre que amó tanto a Dios que Él lo llevó al cielo sin que muriera.

- Éxodo: El viaje del pueblo de Dios al salir de la esclavitud en Egipto, guiado por Moisés.
- Fe: Creer en Dios y confiar en que Él cumplirá lo que ha prometido.
- Buenas Noticias: El mensaje de que Jesús vino para salvar a todos del pecado y reconciliarlos con Dios.
- Interpretación: Explicación de un sueño o visión para entender su significado.
- Jesús: El Hijo de Dios, que vino a salvar al mundo mediante Su vida, Su muerte y Su resurrección.
- Jonás: Un profeta que fue tragado por un gran pez cuando intentó huir del plan de Dios para salvar a una nación.
- Jueces: Hombres y mujeres elegidos por Dios para guiar al pueblo antes de que hubiera reyes. Gedeón, Sansón y Débora fueron jueces de Israel.
- Juicio: Aprobación o condena de Dios hacia las personas según sus actos. Por lo general, se asocia con el castigo.
- Reino de los Cielos: El reino perfecto de Dios, donde vivirán para siempre quienes confíen en Él y obedezcan Sus leyes.
- Noé: Un hombre que obedeció a Dios construyendo un arca para salvar a su familia y a los animales del diluvio.
- Peste: Brote grave de enfermedad en una región; una epidemia.
- Profetas: Personas que Dios escogió para transmitir Sus mensajes a Su pueblo, muchas veces anunciando la venida de Jesús.
- Ceder: Cambiar de actitud dura o estricta por compasión o misericordia.
- Arrepentirse: Alejarse del mal camino y pedir perdón a Dios.
- Resurrección: Cuando Jesús resucitó de entre los muertos al tercer día después de Su crucifixión.

- Apocalipsis: El último libro de la Biblia, que describe el regreso de Jesús y el nuevo cielo y la nueva tierra de Dios.
- usto: Estado de estar en paz con Dios o sin culpa ante Él.
- Salvador: Otro nombre para Jesús, quien vino a salvarnos del pecado y llevarnos de regreso a Dios.
- Pecado: Todo aquello que nos separa de Dios, como desobedecerle.
- Llamado: Ser convocado por una autoridad, como cuando el faraón llamó a José para verlo.

Acerca del autor

Al C. Ezra es un cristiano comprometido de por vida con su fe y con compartir el amor y las enseñanzas de Jesús. Encuentra una profunda inspiración en las palabras de Mateo 18:3:

“Si no se vuelven y se hacen como niños, no entrarán en el Reino de los Cielos.”

Este versículo sirve como fundamento para Unless, un libro escrito con el corazón para animar tanto a niños como a adultos a acercarse más a Dios con una fe sencilla, como la de un niño.

Al vive en Miami con su amada familia: su esposa, Lorena, y sus hijos, Ezequiel y Samuel. Su familia es un recordatorio diario de las bendiciones de Dios y de la belleza de la humildad, la confianza y el amor.

La dedicación de Al a nutrir la fe en sus propios hijos lo inspiró a escribir Unless como una herramienta para que las familias de todo el mundo aprendan sobre el llamado de Dios a la comunión a través de Su Hijo, Jesús.

Dedicatoria:

A los niños que buscan conocer a Dios, y a los adultos que se esfuerzan por ser como ellos.

Versículo bíblico favorito:

“El Espíritu y la esposa dicen: ‘¡Ven!’. Y el que oye diga: ‘¡Ven!’. El que tenga sed, que venga; y el que quiera, que tome gratuitamente del agua de la vida.”
- Apocalipsis 22:17

El recordatorio favorito de Al Ezra en las Escrituras es la promesa de Jesús: “¡Vengo pronto!” — Apocalipsis 22:7

Comenzando la sección de coloreado

En Verdad – Portada

Adán y Eva caminando por el jardín del Edén

LIBRO PARA NIÑOS
Unless
Inspirado en las palabras de Jesús
Al Ezra

El arca de Noé y el arcoíris de la

promesa de Dios

Dios hablando con Abraham sobre

"La Promesa"

José de pie con un manto real,
perdonando a sus hermanos

Moisés abriendo el Mar Rojo y guiando a los hijos de Israel hacia su nuevo hogar

El rey David tocando el arpa para sus ovejas

Jonás sentado bajo un árbol, mirando
a Nínive a lo lejos

María, José y el niño Jesús en el pesebre,
rodeados de animales

Jesús sentado con los niños en una colina, enseñándoles sobre el Reino de Dios con bondad y amor

La tumba vacía, con luz saliendo de ella y
Jesús de pie cerca

Pablo enseñando a una multitud, con pergaminos y mapas a su alrededor

Jesús, el Hijo del Hombre, caminando entre la menorá (el candelabro) con sus siete lámparas de oro

Ezequiel con un corderito

En Verdad Contraportada

Notas

Notas

Notas

Notas

Notas

Notas

Notas

Notas

Notas

Notas